NOTICE HISTORIQUE

sur

SAINTE-SUZANNE

(MAYENNE)

PAR

M. Léon de la SICOTIÈRE

LAVAL
AUGUSTE GOUPIL, IMPRIMEUR-LIBRAIRE

1892

NOTICE HISTORIQUE

SUR

SAINTE-SUZANNE

(Mayenne)

NOTICE HISTORIQUE

sur

SAINTE-SUZANNE

(MAYENNE)

PAR

M. Léon de la SICOTIÈRE

LAVAL
AUGUSTE GOUPIL, IMPRIMEUR-LIBRAIRE
—
1892

SAINTE-SUZANNE

(MAYENNE)

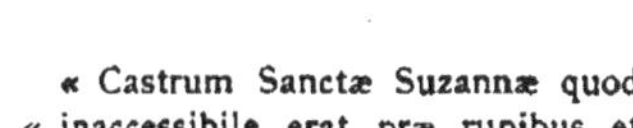

« Castrum Sanctæ Suzannæ quod
« inaccessibile erat præ rupibus et
« densitate vinearum. »

ORD. VIT., L. VII.

. . . Les cavernes maudites,
Où brillent en pleurant les blanches stalactites.

P. DELASALLE.

La première fois que je visitai Sainte-Suzanne, je fus émerveillé. C'était dans les plus beaux jours de l'année. Partis, le matin, de Sillé, nous nous étions attardés à gravir les Couévrons, à y recueillir des échantillons de ces pétro-silex, aux couleurs si vives et si variées, qu'on y rencontre en abondance, à contempler, des pics les plus élevés, l'immense et ravissant paysage qui se déroulait à nos yeux et sur lequel se détachait à une grande distance, fièrement campée sur son mamelon isolé, la petite ville de Sainte-Suzanne. Plus loin, la belle église d'Évron nous avait retenus de longues heures sous ses voûtes romanes. Nous arrivâmes à Sainte-Suzanne à la nuit fermée. La silhouette de quelques vieilles tours se dessinait dans l'ombre ; on entendait au fond de la vallée le bruit monotone des écluses et le chant des rossignols ; de rares lumières brillaient aux fenêtres étroites de quelques maisons. Nous nous couchâmes harassés.

Le lendemain, de grand matin, nous contournions l'enceinte extérieure des murailles, nous arrêtant devant chaque tour, admirant les ruines majestueuses de l'antique donjon, arrachant à grand'peine quelques pierres aux restes de l'enceinte vitrifiée, saluant le soleil qui éclairait déjà le pays que nous avions parcouru la veille et laissait encore dans l'ombre la verte et sombre profondeur de la vallée. Ciel d'azur nuancé de rose, larges horizons, nature pleine de contrastes, ruines grandioses et charmantes à la fois sous leur manteau de lierre, situation véritablement unique de cette petite ville suspendue au bord de l'escarpement des vallées qui l'entourent, je n'oublierai de ma vie la beauté de ce spectacle. Je partis peu d'heures après pour Jublains, mais en me promettant de revoir Sainte-Suzanne.

J'y retournai l'année suivante et je passai près d'une semaine à visiter, à étudier dans tous leurs détails, la ville et ses environs.

J'y retournerai encore si Dieu m'accorde jamais quelques jours de liberté. J'irai redemander à cette ville, à ce pays si pittoresque, si riche de monuments et de souvenirs de tous les âges, mes impressions d'autrefois. Ceux qui les visitèrent avec moi ne sont plus, mais j'y retrouverai vivant leur souvenir. J'y parlerai d'eux aux lieux dont nous avions accoutumé de parler ensemble. Ces lieux, d'ailleurs, ce ne sont pas seulement les charmes du printemps, les illusions de la jeunesse — autre printemps ! — et du bonheur, qui les revêtaient à mes yeux d'un si séduisant prestige. Ils auront gardé leur vieille et toujours fraîche beauté. Peintre ou poëte, antiquaire ou touriste, allez comme moi à Sainte-Suzanne, et comme moi vous voudrez y retourner !...

La ville est perchée comme un nid d'aigle sur un mamelon isolé, entouré de vallées profondes et abordable seulement du côté du nord-ouest, où une langue étroite le rattache à la plaine. — L'aspect en est singulièrement pittoresque de tous les côtés. — Vue du tertre Gane, ou Ganeau, qui la domine à l'est et où M. de Wismes s'est placé pour la dessiner, l'œil embrasse la silhouette, assez pauvre, du château actuel, les ruines vêtues de lierre du vieux donjon, la flèche ardoisée de l'église, la poterne, les versants de la vallée, tantôt hérissés de rochers, tantôt semés de bouquets de verdure ; à vos pieds grondent et blanchissent les eaux de l'Erve, fouettées par les moulins à blé et à papier. — Montez un peu davantage et le panorama s'agrandit : Sainte-Suzanne se dessine comme un navire à l'ancre, dépourvu de ses agrès, sur un océan de verdure et d'azur, où blanchissent, pareilles à ces vagues qu'on voit du rivage moutonner à l'horizon, quelques rares habitations ; à l'ouest, une ligne d'un bleu foncé termine l'horizon : ce sont les Couévrons qui s'allongent et se perdent en ramifications infinies. — Vous tournez au midi et la scène change : la vallée est plus âpre ; de grands murs grisâtres la couronnent, surmontés par les toits aigus des vieilles maisons et quelques tours en ruines. — Au levant, les murs et les tours ont été recrépis, rajeunis et disposés en terrasses d'un effet pittoresque.

La ville dessine un polygone irrégulier. Elle n'a guère que mille pas de tour et ne contient que 4 à 500 habitants de population agglomérée. On prétend qu'avant la Révolution elle se composait de 60 maisons seulement ; c'est une évidente exagération. Le nombre de ces maisons devait être plus considérable ; mais à l'aspect triste et sombre de celles qui ont survécu, avec leurs fenêtres en croix de pierre, leurs escaliers en forme d'échelle de meunier, leurs gables aigus, on ne saurait regretter la disparition des autres. Les murailles ont encore de trois à cinq mètres de hauteur, sur plus de deux mètres d'épaisseur. Elles ont gardé une douzaine de tours ; les unes rondes, les autres carrées ; les unes restaurées de frais et d'une blancheur criarde, les autres couvertes de lierre ou ruinées à moitié et découpant sur le ciel leurs silhouettes bizarres. Les ouvertures des fenêtres sont très différentes d'âge, de forme et de grandeur ; ici, carrées et partagées par une croix en pierre ; là, légèrement cintrées ou surmontées d'un fronton triangulaire ; plus loin, longues et étroites comme des meurtrières, ou s'élargissant dans la partie inférieure comme un tube de thermomètre. De nombreux contreforts, plats et massifs, soutenaient les murailles. Elles forment une enceinte conservée parfaitement, sauf d'un seul côté.

Il existait, au sud et au nord, deux portes d'entrée, nommées les portes *Murée* et du *Guichet*, qui furent détruites en 1786 parce qu'elles gênaient le passage des voitures. Deux autres portes, plus petites, garnies de herses en fer ; des poternes étroites, flanquées de meurtrières d'observation ; une autre poterne, percée dans un grand mur qui coupe brusquement le chemin de ronde qui serpente autour de la ville, large à peine de quelques mètres et suspendu au-dessus de la vallée, complétaient ce système de défense, dont l'ensemble paraît remonter au XVe siècle. Quelques traces de fortifications plus anciennes et même de murs vitrifiés (1) se remarquent dans l'enceinte

(1) Les murs vitrifiés de Sainte-Suzanne sont célèbres parmi les antiquaires. Ce sont les premiers qu'on ait signalés en France, et les seuls avec ceux de la Courbe (Orne) et de Perran (Morbihan). Ils méritent une mention particulière. — Qu'on se figure un énorme bloc de 10 mètres environ de longueur sur 1 mètre de hauteur et d'une épaisseur qu'on n'a pu déterminer exactement, enchâssé dans la muraille occidentale et composé d'une agglomération de pierres irrégulières, liées entre elles par une pâte vitreuse, tantôt noire comme le jayet, tantôt grise ou blanchâtre, le plus souvent d'un vert-bouteille foncé. Cette pâte a une cassure brillante, anguleuse et assez unie. Elle est celluleuse, et les concavités qu'elle présente sont colorées en violet assez terne. Le grès domine parmi les pierres qu'elle assemble et, comme il ne s'est pas vitrifié, il se détache en sablon blanc, quand la roche a peu de finesse. Quelques savants, M. Mérimée notamment, se sont trompés en prenant ce sablon pour de la chaux. L'analyse chimique n'a fait découvrir dans cette pâte que la présence de la silice combinée avec la chaux, et du fer deutoxidé et protoxidé en petite quantité. — Ces vitrifications, exposées aux injures du temps, deviennent ternes et prennent exactement l'aspect et la couleur des produits volcaniques.

Les murs vitrifiés de la Courbe offrent un développement beaucoup plus considérable. Les remparts extérieurs, qui séparent la presqu'île de la plaine, et une partie du donjon sont composés de pierres passées au feu. Ces pierres, prises sur les lieux mêmes, sont des psammites phylladifères, excessivement réfractaires et liés entre eux par un commencement de fusion. La pâte vitreuse qui leur sert de ciment est noirâtre, opaque, légèrement poreuse ; elle renferme une plus forte proportion de fer qu'à Sainte-Suzanne.

Le camp de Perran, sur lequel mon savant ami M. Bizeul, de Blain, a publié un excellent travail (*Congrès scientifique de Rennes*, II, 121), est

extérieure, mais sans liaison entre elles et sans autre caractère que celui de leur antiquité.

L'enceinte du château, placé au sud-est comme on le voit dans la Planche, comprend le tiers de la ville. Elle en est séparée par des murs fort épais et fort élevés, flanqués de tours de distance en distance, et par de larges fossés convertis en jardins. On y pénétrait par une porte étroite, entre deux tours, et

connu sous le nom de *Camp Romain* ou *Pierre Brûlée*. Il n'a guère moins de 500 mètres de pourtour. Un mur de 4 mètres d'épaisseur, sur 3 d'élévation, forme le noyau du rempart, et ce mur, où le granit et d'autres roches réfractaires dominent, est cimenté, comme ceux dont nous venons de parler, par une sorte de lave qui les a liés et fondus ensemble.

Il existe dans les montagnes d'Écosse des châteaux dont les murs sont ainsi vitrifiés et qui sont connus sous le nom de *Knock Farril*, de celui du mieux conservé d'entre eux, et de *Castles-Glass*, châteaux de verre ou *Vitrified-forts*. On en trouve aussi dans les Hébrides.

A quel peuple attribuer l'origine de ces singulières fortifications? M. de la Pylaie en fait des constructions cyclopéennes; mais rien de tel n'a été observé dans les pays où les constructions cyclopéennes se rencontrent le plus souvent. Les Gaulois, les Romains, n'ont rien laissé de semblable. L'opinion générale les attribue aux Saxons, aux Normands, aux Danois, aux Pictes, à quelqu'un de ces peuples du Nord dont les invasions ont inondé nos contrées, mais sur les mœurs et l'histoire desquels nous ne possédons que des notions incomplètes. Toutefois, il semble plus naturel de les attribuer aux Pictes, formés à l'école des armes romaines et habitués aux longues luttes d'agression ou de défense, qu'aux peuplades norwégiennes ou danoises qui, rapides comme l'oiseau de la mer, fondaient sur leur proie et disparaissaient sans laisser de traces de leur passage.

A l'aide de quels procédés parvenait-on à fondre ces pierres de manière à n'en former qu'une seule masse? Suivant les uns, la vitrification s'opérait sur place, en entassant la pierre avec du bois et du charbon que l'on renouvelait sans cesse, entre deux chaussées de gazon. Les matières vitrifiées tombaient d'elles-mêmes au fond de la fosse et s'exhaussaient progressivement jusqu'au niveau projeté. Suivant d'autres, les blocs vitrifiés d'après ce procédé, dans des dimensions restreintes, 1 mètre de longueur, par exemple, sur 50 centimètres de hauteur, étaient entassés les uns sur les autres, comme les assises d'une muraille ordinaire (Au camp de Perran tout est d'une seule masse; il n'y a aucune trace de pareilles assises).

Resterait à savoir à l'aide de quels agents, de quels procédés, on aurait pu obtenir, à l'air libre, un degré de chaleur suffisant pour fondre des pierres aussi réfractaires que des grès ou des psammites, et ce n'est pas le côté le moins difficile à résoudre de cet intéressant problème.

par deux petites poternes extérieures. Un souterrain en partait, selon la tradition du pays, descendant vers l'écurie du Grand Moulin. On prétend qu'il servait à approvisionner la ville et le château dans les temps de siège. On en aurait muré l'entrée dans l'écurie, à cause des reptiles qui en sortaient et qui tourmentaient les chevaux. J'ai, pour mon compte, peine à comprendre l'existence d'un pareil souterrain, creusé dans le roc vif sur lequel repose la ville. L'ancien château, situé vers le nord-ouest, fut abattu par Fouquet de la Varenne. Les derniers débris en disparurent il y a quatre-vingts ans. Celui qui le remplace a été construit sur le rempart du midi et n'a rien de remarquable. Du côté du rempart, il offre une quantité de fenêtres irrégulièrement disposées et deux belles tours avec une galerie crénelée et un chapeau pointu en ardoises. A l'intérieur, c'est un édifice assez régulier, mais triste et froid ; grands murs plats, grandes fenêtres banales, grands toits sans ornement ; quelque chose de plus désert, tout habité qu'il est, que la solitude même, de plus triste que les ruines prochaines du donjon. Il en est des monuments comme des hommes. La vieillesse leur sied mieux que l'âge équivoque qui la précède. Elle ne se borne pas à leur imprimer ce caractère majestueux et vénérable qui les consacre dans les respects ou la terreur des peuples

Religione patrum et prisca formidine sacrum,

mais elle jette un manteau de lierre sur la nudité de leurs murailles ; elle revêt leurs pierres disjointes de ces tons chauds et dorés si chers à l'artiste ; elle cache leurs blessures sous des moissons de fleurs sauvages ; elle efface la trace des souillures domestiques, des rajustages maladroits, des arrangements mesquins qui les déshonoraient,... comme ces beaux cheveux blancs qui, sur le front de l'homme, réparent l'outrage des cheveux gris.

Les restes du donjon, construit vis à vis du château, offrent beaucoup de ressemblance avec les donjons de Loches, de Beaugenci, de Domfront, de Chambois. Il devait remonter au XIe siècle et non pas à l'époque de Charles VII, comme on le croit généralement dans le pays. C'était bien là le sombre et gigantesque donjon, se dressant comme le spectre de la guerre sur la montagne isolée et nue, le dominateur superbe et souverain des cabanes rassemblées à ses pieds, de la contrée sur laquelle s'étendait son ombre terrible ou protectrice, dans une époque où la féodalité était encore exclusivement militaire. « La fable de « Deucalion et de Pyrrha semblait se réaliser, dit le grave « Sismondi ; la France semait des pierres sur des jachères et il « en sortait des hommes armés. »

Un carré long de 20 mètres sur 10 et de 40 mètres environ de hauteur ; des murs de 3 mètres d'épaisseur, construits en pierres, grossièrement appareillées, et soutenus de distance en distance par d'énormes contre-forts massifs et plats ; au rez-de-chaussée, une salle immense de plus de 6 mètres de hauteur, sans porte de communication avec le dehors, éclairée par d'étroites meurtrières à plein cintre qui s'évasaient à l'intérieur, de manière à permettre aux défenseurs du château de s'y poster pour lancer leurs traits sans s'exposer à ceux de l'ennemi, et auxquelles on montait par un escalier de seize marches ; magasin ou prison ; — au premier, une seconde salle, éclairée par des fenêtres à plein cintre qui reposaient sur le plancher et qui, au moyen d'une échelle ou d'un escalier mobile, servaient de porte ; salle d'armes et logement pour la garnison ; — au second et au troisième, s'il existait un troisième étage, des appartements plus bas et plus petits, servant de logements au commandant et aux principaux officiers ; — dans l'épaisseur des murs, des couloirs étroits et rapides établissant une communication entre les divers étages ; — à côté, une tour ronde qu'on appelait *Tour farinière*, parce qu'on y déposait les provisions de bouche et qui, sans doute, était d'une construction plus récente ; — tel était l'ensemble du donjon de Sainte-Suzanne : retraite suprême quand la ville et le château étaient forcés, protégée par sa situation autant que par sa force contre tout coup de main, et réductible par la famine seule avant l'invention de l'artillerie.

Les ruines de ce donjon ont encore près de 25 mètres de

hauteur et sont de l'effet le plus pittoresque. Du côté de la ville, je les ai vues couvertes et comme vêtues de lierre, dont les lianes flexibles garnissaient chaque fenêtre d'un réseau tremblant. Quelques rayons de soleil se glissaient parmi les feuilles et dessinaient sur le mur opposé une arcade de lumière, que ridaient à peine des ombres transparentes. Des fleurs sauvages jouaient avec le vent dans les fentes des pierres et les cris jaseurs d'une nuée d'oiseaux troublaient seuls le silence de ces lieux jadis retentissants du bruit des armes et des clameurs des combattants.

L'église, reconstruite vers la fin du XVe siècle, est assez insignifiante. Elle avait été ruinée dans les guerres avec les Anglais. Le cardinal de Luxembourg, évêque du Mans et légat du Saint-Siège, accorda cent quarante jours d'indulgence à ceux qui coopéreraient à sa réédification. D'autres indulgences et la vente par la fabrique de la plupart des immeubles qu'elle possédait, permirent de l'achever. Elle fut consacrée en 1553. Le clocher ne fut construit que dans le siècle suivant. Le chœur est formé par quatre arcades ogivales. La porte est ornée de petits pilastres dans le goût de la renaissance.

On conserve dans cette église des reliques de sainte Suzanne, renfermées dans une petite boîte ovale en argent. Ce reliquaire est orné de figures gravées au burin avec assez de délicatesse. Il sort des ateliers de Brisseau, orfèvre à Laval en 1717. C'est, sans doute, l'auteur d'un ouvrage assez estimé sur la gravure, à l'usage des orfèvres. On croit généralement qu'il était d'Alençon ; mais il est plus probable qu'il était de Laval.

Une des chapelles est dédiée à saint Jean de Hautefeuille, en souvenir de l'église paroissiale primitive qui devait se trouver dans le voisinage du château et à laquelle sa situation sur une éminence avait valu cette désignation. De la chapelle proprement dite du château, placée sous l'invocation de saint Louis, il ne reste que des vestiges insignifiants.

L'histoire de Sainte-Suzanne est surtout militaire : son donjon et ses murailles en racontent les phases diverses.

Avant le XIe siècle, nous ne trouvons nulle mention de Sainte-

Suzanne. — En 1088, elle soutint contre Guillaume le Conquérant un siège mémorable. Hubert II, vicomte de Beaumont, que son courage et ses talents militaires, plus encore que sa naissance, avaient rendu célèbre, s'y était jeté avec sa famille et quelques amis. Faut-il dire avec un historien normand (Ord. Vital) que les habitants du Maine obéirent, dans cette circonstance, « à l'inquiétude qui leur est naturelle et à cette « inconstance qui trouble la paix publique en même temps « qu'ils se troublent eux-mêmes ? » Faut-il croire avec un historien manceau (M. l'abbé Gérault) que « les plus vaillants che- « valiers de l'Aquitaine, de la Bourgogne et des autres provinces, « dociles à la voix de l'honneur, étaient accourus pour résister « à l'usurpateur qui aspirait ouvertement à la monarchie uni- « verselle, et qu'alors Sainte-Suzanne devint véritablement le « boulevard de la liberté de l'occident de l'Europe ? » Nous n'oserions prendre sur nous de trancher cette question délicate ; mais nous pouvons constater, du moins, que la défense fut opiniâtre, héroïque, glorieuse, et que les armées de Guillaume, victorieuses de l'Angleterre, vinrent échouer contre les murs de cette petite place. L'escarpement des rochers sur lesquels elle était assise, l'épaisseur des vignes (1) qui l'entouraient, le courage avec lequel les assiégés allaient, à travers les lignes ennemies, chercher des secours et des vivres, n'ayant permis à Guillaume ni de l'emporter, ni de la bloquer étroitement, il fit construire dans le val Beugic un fort où il plaça une nombreuse garnison. Les affaires de son duché le rappelèrent en Normandie. L'audace des assiégés s'en accrut ; c'étaient chaque jour de nouvelles sorties où les Normands perdaient, tués ou prisonniers, quelques-uns de leurs plus braves capitaines. Ainsi périrent Robert de Vieux-pont, Robert d'Ussi, Mathieu de Vitot, Richer de Laigle, qui

(1) *Præ densitate vinearum*, dit Orderic Vital. On peut supposer qu'il était mal renseigné ; il est difficile de comprendre comment des vignes, fussent-elles plus épaisses et plus hautes que ne paraît le comporter le sol des environs de Sainte-Suzanne, auraient pu présenter un obstacle sérieux à l'investissement d'une place.

montra en mourant une générosité bien rare. Un jeune homme encore imberbe, caché dans les buissons le long d'un chemin, l'atteignit d'une flèche à l'œil. Ses compagnons accoururent furieux et voulurent le venger; mais lui : « Pour l'amour de « Dieu, laissez-le aller, c'est ainsi que je dois mourir pour « l'expiation de mes péchés »; et le meurtrier fut sauvé. Parmi les prisonniers qui dûrent payer de riches rançons, on distingua Guillaume, comte d'Évreux. Le siège dura ainsi quatre ans. A la fin les Normands, « qui n'y gagnaient que les fers de lances qui « demeuraient fichés dans leurs plaies », suivant l'expression d'Orderic, entrèrent en négociation avec Hubert. Ils le décidèrent à se soumettre. Il obtint un sauf-conduit et alla trouver Guillaume en Angleterre. La réconciliation ne fut pas difficile, et Hubert, rentré en grâce, demeura fidèle à Guillaume.

On trouve à un kilomètre de Sainte-Suzanne, du côté du nord, dans la vallée de Beugy ou Bonjen, l'emplacement des retranchements élevés par Guillaume le Conquérant. Ils consistent dans deux enceintes de dimensions à peu près égales (80 mètres de longueur sur 60 de largeur), entourées de remparts en terre assez bien conservés par endroits, et séparées par un fossé profond ; dans l'une d'elles existe même une sorte d'éminence ou de motte, sur laquelle s'élevait, sans doute, un donjon en pierres ou en bois. Chassés d'une enceinte les défenseurs pouvaient donc se réfugier dans l'autre, ou même chercher un asile dans le donjon.

Les habitants du voisinage appellent ces retranchements le *camp des Anglais*. Il est évident qu'ils sont de beaucoup antérieurs au XVe siècle. Il est toutefois probable qu'ils auront été occupés pendant les guerres de cette dernière époque. De là leur nom populaire. Le dernier ennemi fait d'ailleurs oublier tous les autres, et les souvenirs de l'occupation anglaise sont encore vivants dans les ressentiments de nos campagnes.

Plusieurs siècles se passèrent pendant lesquels Sainte-Suzanne rentra dans l'obscurité; mais, en 1423, Ambroise de Loré y renouvela les prodiges du siège de 1088. Il y soutint, avec

600 hommes, les attaques de l'armée de Salisbury. Le général anglais fut forcé de faire venir neuf ou dix pièces de canon et d'ouvrir une large brèche, et c'est alors seulement que les assiégés, ayant perdu tout espoir d'être secourus, capitulèrent et sortirent avec vie et bagues sauves, moyennant une rançon de deux mille écus d'or.

En 1439, les Français reprirent Sainte-Suzanne, sous la conduite du sire de Beuil, qui s'était ménagé des intelligences avec un Anglais, nommé Jean Ferrement, marié à une Française. Sa femme l'avait gagné à la cause nationale. Pendant que le commandant de la place était à escarmoucher au dehors, Jean Ferrement, qui se trouvait de garde, avertit les assiégeants en chantant un air convenu. Ils se hâtèrent de planter leurs échelles contre les murailles et pénétrèrent dans la place sans trouver de résistance. La garnison, surprise, fut passée au fil de l'épée ou faite prisonnière ; à peine quelques soldats purent-ils s'échapper tout nus. Le roi donna aussitôt le gouvernement du château au sire de Beuil, ce qui blessa profondément le duc d'Alençon auquel il appartenait, et lui servit de prétexte, plus tard, pour trahir misérablement son pays et son roi au profit des Anglais qu'il avait longtemps et si vaillamment combattus.

Les Anglais trouvèrent moyen de rentrer à Sainte-Suzanne on ne sait trop à quelle époque ; ce qu'il y a de certain, c'est qu'après le traité du 15 mars 1447, ils refusèrent de rendre Sainte-Suzanne au roi de France. Ambroise de Loré fut forcé d'en faire le siège avec du canon, tailla en pièces, au village de la Crousille, des soldats qui venaient à leur secours et la garnison se rendit par composition.

Sainte-Suzanne demeura en paix jusqu'au temps de la Ligue. Cette ville eut alors beaucoup à souffrir, parce qu'elle était du domaine particulier de Henri IV, et, d'ailleurs, voisine de Mayenne, dont les ligueurs et les royalistes se disputaient la possession avec acharnement. En septembre 1589, elle soutint un siège contre les ligueurs qui furent repoussés ; mais, en 1593, le duc de Mercœur, gouverneur de Bretagne pour la Ligue, s'étant emparé de Laval et en ayant donné le commandement à Laval-Montmorency de Boisdauphin, ce capitaine vint assiéger Sainte-Suzanne. Ses canons ruinèrent le donjon, dévastèrent la ville et les habitants se rendirent vie et bagues sauves.

Cette place fut remise au roi par Laval-Montmorency de Boisdauphin lui-même, en 1596, lorsqu'il fit sa soumission.

Pendant la Révolution, Sainte-Suzanne, quoique placée au centre du pays insurgé, se prononça assez énergiquement pour les opinions nouvelles. Ses officiers municipaux furent les premiers de la contrée à intimer en corps à leur curé constitutionnel l'ordre de se retirer, attendu qu'ils ne voulaient plus reconnaître d'autre culte que celui de la Raison. Il obéit sans murmure. L'église servit de club et de caserne. Le 11 décembre 1793, à la suite de la déroute du Mans, le bruit ayant couru que les Vendéens se répandaient dans la campagne, une terreur panique s'empara des habitants de Sainte-Suzanne : la plupart s'enfuirent, au milieu de la nuit, à la lueur de lanternes. Les royalistes n'y entrèrent pas. Pendant les Cent-jours ils se présentèrent, le 15 juillet, devant la ville qui refusa de les recevoir. Leurs hôpitaux et leur quartier général étaient établis dans les Couévrons. Bouteloup, dit *le Petit Va de bon cœur*, fameux dans les guerres de l'Ouest par sa brillante intrépidité, était leur chef principal. Il reparut à leur tête en 1832, avec ses trois fils et Bordigné. Ils avaient environ 200 hommes. Ils occupèrent successivement Saint-Léger, Voutré, Saint-Georges, Assé. Quelques-uns d'eux se retirèrent ensuite dans la forêt de Charnie. De temps en temps ils se présentaient sur les routes sillonnées de longues côtes qui la traversent, dansant et gesticulant au nez des gardes nationaux et des gendarmes envoyés à leur poursuite, puis disparaissaient dans l'épaisseur impénétrable des bois. Protégés par les sympathies discrètes et généreuses des paysans, ils eurent le bonheur de gagner la frontière ou d'attendre dans le pays même l'amnistie et la sécurité.

La maison de Sainte-Suzanne était très ancienne. *Lucie de Sainte-Suzanne* porta Sainte-Suzanne en mariage à *Raoul II*, *vicomte de Beaumont,* à la fin du xe ou au commencement du xie siècle. En 1253, une autre héritière, *Agnès, vicomtesse de Beaumont,* dame de la Flèche et de Sainte-Suzanne, la porta à *Louis de Brienne,* roi de Jérusalem. Leurs descendants prirent le titre de vicomtes de Beaumont et de seigneurs de la Flèche et de Sainte-Suzanne. *Marie,* héritière de la maison *de Brienne,* en 1364, par la mort de son frère, qui ne laissait point d'enfants, épousa *Guillaume de Chamaillart. Marie,* leur fille, fut mariée, en 1371, à *Pierre II, comte d'Alençon.* De ce mariage sortit *Jean Ier, duc d'Alençon,* vicomte de Beaumont, seigneur de la Flèche et de Sainte-Suzanne, dont les descendants *Jean II, René* et *Charles IV,* comme lui *ducs d'Alençon,* possédèrent successivement Sainte-Suzanne. Ce dernier avait épousé *Marguerite de Navarre,* sœur de François Ier, si célèbre par sa générosité, son amour pour les lettres, son dévouement à son frère et ses ouvrages. Il mourut sans enfants, en 1492. *Françoise,* sa sœur, recueillit dans sa succession, entre autres domaines, la vicomté de Beaumont et la baronnie de Sainte-Suzanne. Elle fut accordée, en 1500, au duc de Nemours, qui périt si malheureusement à la bataille de Cérisoles, en 1503. En 1505, elle épousa *François II d'Orléans, duc de Longueville* et *comte de Dunois.* Devenue veuve en 1512, elle se remaria, l'année suivante, à *Charles de Bourbon, comte,* puis *duc de Vendôme.* Ce fut elle qui obtint l'érection de la vicomté de Beaumont, des terres, baronnies et seigneuries de la Flèche, de Château-Gontier, de Sainte-Suzanne, en duché-pairie, sous le nom de Beaumont. Françoise laissa de son second mariage *Antoine de Bourbon, duc de Vendôme* et *de Beaumont,* et, par ce dernier duché, *baron de Sainte-Suzanne.* Antoine épousa, le 20 octobre 1548, *Jeanne d'Albret, reine de Navarre.* Ils eurent pour fils *Henri IV,* qui, devenu roi de France, réunit ses biens à ceux de la couronne. Henri IV engagea la baronnie de Sainte-Suzanne et ses dépendances à *Guillaume Fouquet de la Varenne,* un de ses favoris, le 25 septembre 1604, moyennant 150,000 livres, somme bien supérieure à la valeur de la terre; mais le roi se réservait le droit de donner les provisions des charges de judicature. Les contractants avaient d'ailleurs voulu, par l'exagération apparente du prix, rendre le retrait impossible. Les descendants de Fouquet possédèrent la terre de Sainte-Suzanne pendant plus d'un siècle. *Catherine de la Varenne* la porta en dot à *Hubert de Champagne,* et *Anne-Marie,* leur petite-fille, aux *Choiseul-Praslin,* en 1723. Elle appartenait encore à cette famille au commencement de la Révolution, lorsqu'elle fut vendue comme propriété nationale. Après la Révolution, *M. de Praslin* racheta sa terre 20,000 francs, et, en 1820, *le prince de Beauvau,* l'un de ses gendres, vendit le château à *M. Damas,* moyennant 10.000 francs.

Sainte-Suzanne possédait un bailliage remontant à la fin de la seconde race et devenu royal sous Henri IV, un grenier à sel et un hôtel-de-ville composé de deux échevins, deux conseillers, de notables, d'un procureur du roi et d'un greffier. Elle avait eu des gouverneurs jusqu'en 1597.

Lors de la suppression des bailliages, Évron et Sainte-Suzanne se disputèrent vivement l'honneur de devenir chef-lieu de district. Pour concilier leurs prétentions, un décret du 4 mars 1790 décida que l'une des deux villes aurait le district et l'autre le tribunal; mais Évron ayant obtenu l'avantage du choix, ses officiers choisirent le district et abandonnèrent le tribunal à Sainte-Suzanne.

Sainte-Suzanne était, en outre, la capitale de la Charnie, petit pays dont il est assez difficile de déterminer exactement les limites, car cette circonscription n'était ni ecclésiastique, ni féodale, ni administrative, ni même entièrement physique, c'est-à-dire déterminée par des chaînes de collines ou des cours d'eau. Il paraît avoir compris quinze paroisses dans la Mayenne et sept dans la Sarthe, et l'on suppose, assez gratuitement peut-être, qu'il ne formait jadis qu'une immense forêt. Le sol en est montueux, couvert de bois, hérissé de rochers, coupé d'étangs et plus pittoresque que fertile.

Telle nous apparut Sainte-Suzanne quand nous la visitâmes : perle perdue au milieu des landes et des genêts du Bas-Maine, précieux fleuron tombé de la couronne du moyen-âge, telle nous la retrouvons dans nos souvenirs, telle nous l'a montrée l'histoire, quand nous avons cherché à ranimer au milieu de ses ruines, aujourd'hui silencieuses et froides, le drame ardent et divers dont elle fut longtemps le théâtre. Peu d'anciennes villes, même en Bretagne, offrent une physionomie plus originale, plus pittoresque, un plus heureux mélange des beautés de la nature, toujours jeune et souriante, et de celles des ruines poétisées par la destruction même : nul ne saurait la voir sans plaisir ni la quitter sans regret.

Ce plaisir, ce regret s'augmentent encore de tout ce que les environs de Sainte-Suzanne offrent d'intéressant au naturaliste, à l'antiquaire, à l'artiste en quête de sites pittoresques.

J'ai déjà parlé des pétro-silex qui abondent dans la chaîne des Couévrons. Ce sont des roches feld-spathiques de couleurs vives et brillantes, les unes à fond vert-clair rayé ou plutôt rubanné de rouge, de jaune ou de violet, les autres d'un blanc jaunâtre. Elles sont très-dures, susceptibles d'un beau poli et pourraient être employées en bijouterie avec succès.

Le calcaire-marbre qu'on exploite dans les carrières des Erves, à peu de distance de Sainte-Suzanne, sert à alimenter les fours à chaux, si communs dans la contrée et qui, de loin, ressemblent à des donjons du moyen-âge, appuyés par de larges contre-forts. Il n'est pas seulement remarquable par les couches dolomitiques qu'y ont signalées de savants géologues, mais aussi par des grottes ou cavernes où l'on trouve des ossements fossiles fort curieux.

Ces ossements ne sont pas pétrifiés et se trouvent à l'état naturel, mêlés à un limon rougeâtre, dans les fissures où les auront, sans doute, entraînés les courants. Ces fissures sont, en effet, trop étroites pour avoir servi de refuge aux animaux auxquels appartiennent ces ossements et ces animaux, de races très diverses et même ennemies, devaient se fuir au lieu de se chercher. J'en rapportai des ossements de cerf ou d'élan, de cheval, de bœuf et une superbe dent de mastodonte à dents étroites. D'autres prétendent y avoir trouvé des ossements de phoques et de carnassiers : étrange pêle-mêle des races qui vivent sur les eaux et de celles qui habitent la plaine, de celles qui détruisent et de celles qui leur servaient de pâture, de celles qui ont disparu de la surface du globe et de celles qui la peuplent encore !!!

C'est dans ce même calcaire que sont creusées les fameuses grottes de Saulges, ou *Caves à Margot,* à quelques lieues de Sainte-Suzanne, sur les bords de la petite rivière d'Erve.

L'Erve coule dans un vallon étroit, entre deux murailles de rochers taillés presque à pic et de médiocre hauteur. Le paysage est frais et riant, et rien n'y fait pressentir le voisinage de violentes convulsions souterraines.

Deux énormes rochers qui, en s'inclinant l'un vers l'autre, se sont heurtés du front et ont laissé un espace vide entre leurs bases, annoncent la principale de ces cavernes. Un troisième bloc, plus petit, est venu se placer précisément entre eux et ne laisse de chaque côté qu'un étroit passage. Derrière se cache, parmi des buissons d'épines et de coudriers, la véritable ouverture que ferme une méchante porte de chêne, sur laquelle est inscrit, avec des fautes d'orthographe, le prix d'entrée. Pour pénétrer dans la caverne, il faut ramper sur les genoux et presque sur le ventre, enfoncer ses mains dans une argile molle et gluante. Vous vous heurtez la tête aux pointes aiguës du rocher; la fumée des bougies, dont vous avez dû vous précautionner, vous suffoque à moitié... Au bout de quelques pas, la voûte s'élève ; vous pouvez vous redresser, regarder, marcher,... vous êtes dans les *Caves à Margot.*

Ces caves se composent de plusieurs galeries qui s'élèvent, s'abaissent, se rétrécissent, s'élargissent, montent et descendent, avec quelques embranchements et quelques retraites sur les côtés. Elles n'ont guère que 150 à 200 pas de long, mais leurs sinuosités et les divers accidents du sol les font paraître beaucoup plus étendues. Il est toutefois bien difficile de s'y égarer, les diverses galeries se réunissant pour en former une seule qui part de l'entrée et se prolonge, en obliquant sur la droite, jusqu'à une crevasse étroite et assez profonde qui en marque la fin et où coule un petit ruisseau. On y voit l'entrée d'un couloir trop étroit pour qu'on y puisse pénétrer.

Le sol est une argile grasse et jaunâtre dans laquelle on n'a découvert jusqu'ici aucun de ces débris fossiles si communs dans les cavernes du même genre. Dans quelques endroits apparaissent des stalagmites qui s'arrondissent en forme de petits champignons, se mamelonnent en choux-fleurs, ou se découpent en crêtes-de-coq. Sur votre tête pendent d'énormes rochers, tantôt formant une voûte d'une seule pièce, tantôt réunis et juxta-posés en forme de plein cintre ou d'ogives ; gigantesques constructions dont Dieu fut l'architecte et le temps le maçon ! Des stalactites tombent de chaque pointe de ces rochers et à leur extrémité une goutte d'eau pure brille comme un diamant (1).

L'émotion, l'horreur secrète dont il est difficile de se défendre au fond de ces cavernes où les ombres fantastiques s'allongent autour de vous et dansent sur les rochers ruisselants de sueur, où la fraîcheur humide vous pénètre, où le froid de la nuit, du silence et de l'isolement vous va au cœur, expliquent les traditions merveilleuses dont les a remplies la crédulité populaire. La fée Margot les habite, redoutable gardienne de trésors immenses qu'on ne peut acheter qu'au prix du reniement de son âme et de l'offrande d'une poule noire. Au XVIIIe siècle, les chartreux du

(1) Le calcaire-marbre de Saulges est plus particulièrement caractérisé par la présence des térébratules.

De nombreux systèmes se sont produits pour expliquer la formation des cavernes. On doit supposer que les eaux de l'ancien monde, dont la chaleur et la densité étaient considérables, qui pouvaient être saturées d'acide carbonique et qui, par conséquent, avaient une bien plus grande puissance d'érosion et de dissolution que les eaux actuelles, se seront frayé un passage à travers les couches les plus molles du calcaire ; les parois des rochers usées et polies semblent en garder la trace. D'un autre côté, l'irrégularité avec laquelle ces rochers sont entassés les uns sur les autres et les fissures nombreuses qui les séparent semblent indiquer de violentes convulsions qui les auraient brisés et désunis. On peut admettre l'action successive de ces deux causes.

Parc d'Orque, auxquels appartenaient les caves à Margot, en firent murer l'entrée sur l'invitation de l'évêque du Mans, scandalisé des pratiques diaboliques dont elles étaient le théâtre. Le mur fut bientôt démoli et les pratiques reprirent leur cours. De nos jours, elles ont encore quelques sectateurs honteux et ces vers, que notre ami Delasalle écrivit en sortant de visiter avec nous les caves de Margot, n'étaient que le récit fidèle d'une aventure trop vraie :

Naguère un bûcheron, par un instinct fatal,
Vint, pèlerin impie, aux grottes de Baal.
Le pauvre homme n'avait qu'un lourd bâton d'érable,
Sa besace, et la poule, oiseau chéri du diable :
Il alluma sa lampe au feu d'un laboureur,
Puis il franchit le seuil, ardent, mais plein d'horreur.
Longtemps il se traîna sous les voûtes humides,
De la tête et des reins heurtant les pyramides,
Mêlant aux eaux du roc la sueur de son front,
Croyant partout entendre accentuer son nom :
Et, lorsqu'il arriva, frémissant d'épouvante,
Au bord d'un précipice où dort une eau stagnante,
On ne sait s'il tomba, si la lampe mourut,
Si son cœur se brisa, si la fée apparut....
Mais rien ne troubla plus la paix de ces ténèbres,
Et quand bientôt, cédant à des craintes funèbres,
Le laboureur voisin s'y rendit à son tour,
Appelant le maudit dans l'antre obscur et sourd,
Il vit sur le rocher des dépouilles sanglantes,
Les traces d'une lutte aux parois scintillantes,
Et, près d'une eau fangeuse, au fond du grand ravin,
Un cadavre, et sa lampe éteinte dans sa main.

La *grotte de Rochefort* et la *grotte aux Chèvres* s'ouvrent presqu'en face des caves à Margot, sur l'autre rive. L'entrée de la première est si parfaite, si régulière, qu'il est difficile d'admettre qu'elle n'ait pas été retouchée par le marteau ; elle est, du reste, peu profonde et n'offre ni les obstacles, ni les dangers, ni la poésie des caves à Margot. La grotte aux Chèvres, avec ses deux chambrettes, a dû faire un ermitage des plus pittoresques.

C'est sur le territoire de Saulges, à peu de distance des *caves*, que se trouvent, sur une sorte de promontoire protégé par l'Erve et des rochers escarpés, les ruines d'une ville romaine où divers antiquaires croient retrouver *Vagoritum*, l'ancienne capitale des Arviens. Elles occupent un espace assez étroit et se distinguent à peine, sous les ronces, des arêtes du calcaire-marbre qui, dans toute cette contrée, blanchissent comme des ossements au niveau du sol. Mais les titres anciens et les fouilles faites à différentes époques (1) ne peuvent laisser de doute sur leur caractère gallo-romain et sur l'importance de l'ancienne *cité* : c'est encore le nom que porte aujourd'hui le champ où se trouvent ces ruines.

Signalons aussi à Saulges les souvenirs de l'apostolat de saint Séréné, frère de saint Céneri, qui aurait délivré le Maine d'une peste, et dont le corps, d'abord enterré à Saulges, eût été ensuite transféré à Saint-Maurice d'Angers. On montre son ermitage sur la rive droite de l'Erve, au milieu d'arbres touffus, près d'une source limpide qu'il fit jaillir, et sa statue en habit de cardinal.

Saint Bibien partage avec saint Séréné la faveur populaire ; c'est le patron des animaux. Allez au Plessis, et dans une petite chapelle vous verrez par terre un tronc informe, sans bras, ni jambes, ni face, entouré de cordes qui ont servi à attacher les animaux malades ; des cierges brûlent souvent à côté : c'est l'image vénérée du bienheureux.

L'église de Saulges renferme un bas-relief sur pierre fort curieux, qu'a décrit Dom Piolin, dans la *Revue d'Anjou* ; il représente le Christ en croix, entouré de nombreux personnages, parmi lesquels on distingue Marie, saint Julien, premier apôtre du Maine, et peut-être saint Gilles. Cet *ex-voto*, d'un travail naïf et délicat, fut offert à l'église, en 1401, par Robin et Fouquet, seigneurs de Valtrot.

Thorigné, à côté de Saulges, nous offre les ruines d'un château

(1) Les révérends pères Bénédictins de Solesmes en ont fait faire, il y a peu d'années, qui ont mis à nu les restes de plusieurs maisons.

presqu'entièrement détruit et celles d'un donjon avec lequel il communiquait autrefois par un souterrain. Ce donjon était un vaste bâtiment carré, flanqué de contreforts massifs. Les murs en avaient douze pieds d'épaisseur, et dans l'intérieur de l'un d'eux on avait pratiqué un petit escalier qui montait au sommet par une pente escarpée. Les fenêtres sont cintrées en rond, mais d'autres ouvertures de forme ogivale et le défaut d'appareil dans la construction des couloirs étroits ménagés au pied des murs, ne permettent pas de faire remonter ce donjon à une époque antérieure au XIVe ou au XVe siècle. L'histoire n'en parle pas. La tradition du pays veut qu'il ait été démantelé par Henri IV et qu'il se soit écroulé de lui-même, en 1789, à la veille de la Révolution qui devait décapiter les châtelains et les châteaux. Les lianes flottantes du lierre ont recouvert sa nudité et rajeuni sa vieillesse.

Thorigné fut longtemps célèbre par le martyre de Perrine Dugué. Perrine était une jeune fille de 17 ans, appartenant à une famille patriote. Les Chouans la soupçonnaient d'espionnage. Ils la tuèrent à la Mancellière, en Thorigné, le 28 mars 1796. — La mort de cette malheureuse enfant excita une vive émotion dans la contrée. On en fit une martyre de la pudeur et, par une inconséquence plus singulière que rare, son tombeau et sa mémoire furent bientôt entourés des superstitions du culte dont ses dévôts proscrivaient les vérités. Le bruit se répandit qu'on l'avait vue montant au ciel avec des ailes tricolores. On alluma des cierges autour de sa tombe. On ramassa les herbes qui croissaient à l'entour. On en recueillit la terre dans de grands sacs pour la transporter précieusement dans d'autres lieux. On y vint de fort loin en pèlerinage. Les malades se prosternaient sur la fosse et se relevaient guéris. Un tronc placé à côté recevait d'assez abondantes aumônes pour que la famille Dugué, quoique ce tronc eût été volé plusieurs fois, y trouvât le moyen d'acheter un champ à un kilomètre de distance et d'y ériger une petite chapelle, où l'on transféra le corps de Perrine, déjà infect. Une épitaphe grossière fut placée sur sa tombe. Plus tard, la chapelle est devenue une grange. Quelques traditions superstitieuses et des lambeaux de complaintes composées par un curé assermenté, lequel finit par être, lui aussi, tué par les Chouans, rappellent le nom de cette sainte de nouvelle fabrique.

Plus près de Sainte-Suzanne, je visitai encore le dolmen des Erves. C'est une grande table brute de 10 pieds sur 12, soutenue par quatre piliers non moins grossiers. A la suite de ce dolmen s'en trouvaient deux autres, de dimensions à peu près égales et ayant leur ouverture dirigée sur le même axe. Ils formaient par leur réunion une véritable allée couverte, dirigée, selon l'usage, de l'est à l'ouest. « On sent, comme dit Michelet, dans ce premier « essai de l'art une main intelligente, mais aussi rude, aussi peu « humaine que le roc qu'elle a façonné »; et pourtant le transport et la pose de ces masses gigantesques semblent attester l'emploi de procédés mécaniques d'une grande puissance.

J'ai trouvé un certain charme à retracer les souvenirs de mes excursions à Sainte-Suzanne et dans le bocage manceau; excursions déjà anciennes, souvenirs toujours présents! Que les lecteurs me le pardonnent! La meilleure partie de nos jouissances ne se compose-t-elle pas d'espérances ou de souvenirs?

Imprimerie Auguste Goupil, Laval

www.ingramcontent.com/pod-product-compliance
Ingram Content Group UK Ltd.
Pitfield, Milton Keynes, MK11 3LW, UK
UKHW012128240726
13965UKWH00005B/2050